Mustapha GUENAOU

Vous les femmes !…. Le champ et le chant

Mustapha GUENAOU

Vous les femmes !…. Le champ et le chant

(Recueil de poèmes -acrostiches)

Éditions Muse

Imprint

Cover image: www.ingimage.com

Publisher:
Éditions Muse
is a trademark of
Dodo Books Indian Ocean Ltd., member of the OmniScriptum S.R.L Publishing group
str. A.Russo 15, of. 61, Chisinau-2068, Republic of Moldova Europe
Printed at: see last page
ISBN: 978-620-2-29092-0

Mustapha Guenaou

Vous les femmes !…. Le champ et le chant

(Recueil de poèmes -acrostiches)

A la mémoire des défuntes !

Il y a plusieurs années, elles nous ont quittés, sans revenir. Il s'agit de Yamina et Houria , respectivement décédée en 2003 et en 2004.

Puis , Hadja Khira, en 2014 , Fatima Zohra , en 2017 et Fatma, en 2019, sans pouvoir oublier Amaria, décédée en 1999.

Elles sont des femmes que j'ai aimées et je ne pourrais les oublier. Leurs prénoms respectifs restent gravés dans ma mémoire.

En cette fête de l'Aid , qu'elle soit de l'Aid Esseghir ou l'Aïd El Kebir, nous demandons à tous ceux qui les ont connues, ces défuntes , de faire une prière pieuse pour elles et une pensée à leur mémoire. Sachant bien qu'elles sont des femmes, ayant laissé un grand vide, impossible à combler, au sein de leur famille respective puisque chacune, de son côté, avait laissé des orphelins, qu'ils soient enfants, jeunes ou adultes.

Une particularité est à relever : c'est que ces femmes ont laissé des enfants et un mari, à l'exception d'une seule.

Sachant bien qu'une prière est nécessaire et bénéfique puisqu'il s'agit d'une bonne action vis-à-vis de ces défuntes, encouragée par le Tout Puissant. Ces défuntes, aujourd'hui, reposent en paix, sur cette terre bénie.

A leur mémoire, il est bien très difficile d'exprimer des sentiments pour ces défuntes, personnes humbles, nobles par leur simplicité et sincères par leur générosité. Chacune a fait de son mieux, ayant tout sacrifié pour en donner de l'amour et de l'affection à leurs enfants respectifs, devenus, aujourd'hui, des orphelins. Il ne faut pas oublier leur mari respectif.

« Femmes défuntes ! Vous resterez toujours dans nos cœurs.
Puisse Dieu, Le Miséricordieux vous accueillir en Son Vaste Paradis.
Que vos âmes reposent en paix. »

« A Allah , nous appartenons et à Lui nous retournons. »

Présentation

Ce travail, que nous essayons de présenter, en perspective, serait une compilation de nos travaux relatifs à la femme en Algérie. Il est, par conséquent, le fruit de plusieurs années de recherche : il s'agit d'un travail de terrain pour pouvoir collecter un maximum de d'informations et de détails. Certains ont été publiés dans la presse locale.

Bien que modeste, il entre dans le cadre d'une série de travaux portant, essentiellement, sur l'histoire et la mémoire des Algériens, entre femmes et hommes, sans distinction ni discrimination en matière de degrés d'instruction et de spécialité.

La preuve, nous avons engagé tous nos efforts pour pouvoir mettre à la disposition des usagers, entre chercheurs avertis, passionnés et profanes de l'histoire, cette publication, consacrée à des poèmes- acrostiches relatifs aux femmes, algériennes et étrangères.

Pour mettre ce prochain travail à la disposition d'un public, qu'il soit averti ou profane, il nous a fallu plus de temps afin de pouvoir tracer un programme et surtout de définir son objectif. A cet effet, nous avons pris en considération un certain nombre de points discutés, au sein du Centre de Recherche en Anthropologie Sociales et Culturelles d'Oran (Algérie) et dans plusieurs villes et universités à travers tout le territoire national, lors de nos déplacements pour animer une conférence.

L'objectif de ce prochain et modeste travail se propose en premier lieu, la fourniture des informations sur des femmes, des Algériennes ; puis, la mise en avant de leur parcours respectif dans les différentes spécialités, depuis les sciences sociales et humaines, aux Arts et la Littérature comme le précise le nombre de parties ou thèmes qui composent le prochain ouvrage :

I- La femme, la beauté et le corps
II- Personnalités au féminin et hagiographie
III- Les femmes entre l'onomastique et l'anthroponomie
IV- La femme, les métiers et les arts
V- La femme, la culture et la littérature
VI- La femme, le sport et les médias
VII- La femme, la mère et sa fille
VIII- La femme, la recherche et l'édition
IX- La femme, les sentiments et les romances

Bien qu'il soit modeste, ce travail pourra, sans nul doute, être utilisé par des personnes dont l'intérêt se trouve parmi les quelques pages qui le constitueront. D'ailleurs, la pertinence des sujets traités ou à traiter restera de l'apanage des pages de ce livre, qu'il sera d'une grande utilité pour ceux qui s'intéressent à la sociologie, à l'anthropologie, à la socio anthropologie, à l'histoire, à la littérature en général et à la poésie en particulier (dont le recueil des poèmes-acrostiches que nous présentons aujourd'hui), le sport, sans oublier les arts et métiers.

Il sera donc, un outil de travail pour les biographes et les ethnographes qui s'intéressent à l'Algérie, et surtout ceux qui sont impliqués dans des sujets et thèmes relatifs à la femme maghrébine en général et les femmes algériennes en particulier. Pour nous, ces informations constituent un patrimoine qui reste à enrichir, au fut et à mesure que nous avancions dans le temps et dans la recherche scientifique.

Bien qu'il soit réalisé avec le temps, ce travail demeurera consultable par les avertis et les amateurs de l'histoire des individus et de la sociologie algérienne, voire la socio anthropologie en Algérie. Il sera une nouvelle publication pour les journalistes, les bibliothécaires, les archivistes, les étudiants et les chercheurs, travaillant sur la femme au Maghreb et/ou la femme en Algérie.

Il est, pour nous comme tant d'autres, un travail qui touchera plusieurs couches sociales du milieu féminin en Algérie et à l'étranger. Pour cette raison, nous avons décidé de le mettre à la disposition des usagers, qu'ils soient des femmes ou des hommes qui travaillent ou qui travailleront sur la femme en général et l'Algérienne en particulier. C'est le principal objectif de ce prochain travail.

Donc, dans cette prochaine publication, nous essayerons de rassembler plus de travaux qui se rapportent, uniquement, aux femmes dans les différents domaines et spécialités des sciences, des Arts, de la Littérature et des métiers. Les contributions dans cette publication sont présentées au grand public pour leur intérêt historique, sans pour autant oublier leur parcours respectif. Elles seront donc écrites pour la lecture, l'écriture et la recherche.

Le passé d'une société se fait par ses individus, femmes, hommes et enfants ; et la mémoire se construit par leur parcours respectif : les faits et les éléments ayant trait à une séquence de la vie de chacune des femmes à présenter.

Par ailleurs, nous avons pensé à une ébauche pour pouvoir penser à une science qui touchera directement l'onomastique. Il s'agit de l'anthroponymie : quelques prénoms féminins ont été étudiés :

- Aicha (Aichah !)
- Khalida,
- Naïma,
- Hind.

Cette initiative n'a été qu'une ébauche pour d'autres travaux. C'est la raison pour laquelle nous avons choisi des titres ou bien un titre respectif pour chacune des femmes à citer.

Un vœu

Dans notre vie de journaliste, à chaque fois nous pensions aux Autres, des vivantes pour leur adresser **un spécimen de vœux**[1] **:**

« Ces derniers temps, les gens, respectant les traditions de la présentation de meilleurs vœux, composent des textes. D'ailleurs, de nombreuses personnes étaient destinataires, en ce début de mois de janvier, d'un texte qui sort de l'ordinaire. J'évoque l'exemple que nous présentons comme suit :

« En ce premier jour de l'an 2001, je viens vous présenter mes vœux les plus sincères et vous dire que je vous souhaite une bonne et heureuse année. Que cette année nouvelle vous apporte :

La santé pour garder toutes vos facultés intactes et vous permettre d'en faire le meilleur usage.
La paix pour écouter, voir, sentir et apprécier la vie.
La réussite pour prendre et reprendre confiance en vos capacités.
La force pour supporter les épreuves qui se présenteront.
L'espoir pour regarder l'avenir tout en vous réjouissant.
Bonne et très bonne année ! »

En cette période, également, les jeunes filles préparent leurs trousseaux pour rejoindre le domicile de leur époux respectif qui les attend. D'ailleurs, durant toute période qui précède et succède à la nuit des noces où les êtres humains se cherchent et se goûtent, sentimentalement parlant.

« Cette pensée me vient en tête .Pourquoi ? L'amour, je ne sais point.

« L'attraction, je ne connais rien. Le plus important, je me sens prisonnier de mes penchants ou de mes gestes et de mes mots qui m'attirent vers elles et de penser à elles pour leur rappeler les mots doux.

[1] Publié dans la presse locale en 2001

« Les cris de l'intérieur commençaient à sonner dans ma tête. Peut être c'est l'envie de les écouter. Les cris, je les entends dans mes oreilles : il s'agit des You ! You ! You ! You ! You ! You ! You. »

Ecoutons, ensemble cet oiseau, venu chanter dans mes oreilles :

« *You ! You ! You ! C'est le cri qu'on lance de la gorge*
En tapant de la main sur les lèvres, très fort
Cri de chatte en fureur ou d'enfant qu'on égorge
Et qui remplit nos cœurs d'un magique transport.

You- You- You ! C'est le cri dont on flatte les Mères
Qui savent enfanter un futur combattant.
Un épervier royal qu'arment les fortes serres
Pour défendre le douar comme un joug irritant.

You- You- You ! C'est le cri des mauresques aux noces
Pour couvrir les sanglots de l'épousée en pleurs,
Sous la tente de poil que gardent les molosses,
Quand le couple s'étreint sur les coussins à fleurs.

You- You- You ! C'est le cri des femmes à la guerre.
L'ennemi servant de cible à l'horizon.
Quand les longs fusils noirs crépitent en tonnerre.
Partant de chaque meule et de chaque buisson.

You- You- You ! C'est le cri qui épuise en murmure

S'il survient au logis quelque injure du sort,

Lorsque la Mère à coups d'ongles se défigure,

Pleurant son fils qui pour l'éternité s'endort ....

You- You –You !

C'est le cri dont on maudit la mort. »

Recueil enchanteur des poèmes -acrostiches

-I-

A toi !

Faire que du bien pour l'avenir,
Apprécié en tout grand souvenir,
Traité bonnement sans revenir,
Même pour le faire soutenir :
A tout moment, il est à retenir !

-II-

A toi………..

Fierté de porter le haïk traditionnel
Et surtout pour marquer un rituel,
Même pendant le moment habituel :
Même à un jour qui reste mémoriel
Et qu'il soit comme un inhabituel.

A toi, je te souhaite le bonheur,
Une expression de la blancheur.

Honoré pour le faire vouloir
Avec un compliment du savoir
Intelligemment du bon vouloir :
K-hôl pour bien se faire voir !

Bonheur, qui est à tout moment
Le temps du bon compliment
Accépté par un bon sentiment
Nanti de joie, et très poliment :
C'est ce que réserve Le Clément !

-III-

Non seulement Professeur de grade,
Accueillante pour la bonne tétrade
Des valeurs de sa noble profession
Interactive pour la communication
A bon escient et sa grande passion.

-IV-

H onnorable fille

I noubliable , gentille,

Nantie par sa famille,

D égourdie sans bille.

-V-

Nous

Avons

Demandé

In Cha

Allah

-VI-

Le hasard n'a fait que du bien
On doit lui reconnaît le bon lien,
Un bon attachement de bonheur
Inoubliable séjour, sans peur
Souvenirs d'une seule belle fleur
A Toi : A qui ai- je l'honneur ?

-VII-

Simple et impétrante Algérienne
Avec le qualificatif de citoyenne
Rêve de devenir auteure et écrivaine
Admiratrice de l'intellectuelle sylvaine

-VIII-

Son physique est croustillant
Admirablement fort pétillant
Même dans les nuages du rêve
Impliqués sans aucune trêve.
A toi ! Reste le dernier mot.

-IX-

A vous !

Noël approche pour des vœux
A vous et vos proches heureux
Tous, ensemble pour cette fête
Acclamée à chaque occasion
Les rassemblant par la passion
Interdépendante pour la requête
A chaque fois, dire à la prochaine !

Joyeux Noël

-X-

A toi……

Bonne et heureuse, voire année
Où la fleur n'est pas et plus fanée,
Non seulement dans la soirée,
Ni pendant la plus belle journée
Et surtout, très bien ensoleillée.

A toi, bonheur dans la matinée,
Nantie d'une joie, très élevée,
N'ayant la vie que bien éveillée
Et aussi très bien émerveillée :
En une année, très bien agréée

Ma chérie….

Source : google.com

-XI-

1000 meilleurs vœux pour les femmes de

C'est le journal de tout Algérien,
Admirateurs du journaliste et de l'historien
Pour toute information et au bon quotidien.

Oran est la ville de sa création,
Une fidélité pour sa promotion
Et sa diffusion en plein mérite,
Simple pour une meilleure réputation,
Tout à fait méritée pour la presse écrite.

-XII-

ADMIRABLE ……………….

Fierté de la famille avec beaucoup d'élégance,
Accueillie et chérie par son ascendance.
Toute souriante pour rappeler la bienséance ;
Inoubliable prénom de la bienveillance,
Maitrisée par le bon savoir et la croyance.
A tout moment, elle cherche cette assurance.

-XIII-

Santé pour une grande prospérité
Et surtout pour une sincère vérité ;
Revenant d'un parcours mérité
Et pour bien vivre dans la sincérité,
Nantie de valeurs et de charité,
Adoptées pour dépasser l'infériorité

-XIV-

A toi, le plus grand jour de l'espoir
Maintenu pour pouvoir se revoir
En temps et en moment du devoir
Le plus simple pour se faire valoir.

-XV-

Artisane , elle est une bonne couturière,
I mitant, loyalement, ses aînées couturières
Comme Madame Hamrelain, la singulière,
Habitante d'Oran , la ville - cité guerrière.
A tes enfants, la bénédiction et les prières.

-XVI-

A Oran, la vie et l'avenir
Barrent le chemin aux soupirs.
I l faut la vie et le plaisir
Régnant pour le grand désir.

-XVII-

Z inet El Boldane[2] est ta ville natale[3] !
Obéissante , charmante et sentimentale
Une femme , sans malédiction nuptiale ;
K'heul[4] , seul apport à l'image initiale,
Honorée par la gentillesse conviviale,
Admirablement jolie, en saison pluviale.

---

[2] Sidi Ahmed Ben Youssef, Saint Patron de la ville de Méliana avait , lors de son passage à Tlemcen , dit :

Tlemcène zinet El Foursane
Maha wa hwaha
W tahwif n'ssaha
Ma talqaah fèl El bouldane.
(Tlemcen , la ville des cavaliers
son eau et son climat
le Hawfi de ses femmes
ne se trouvent ailleurs.)

[3] Tlemcen , ville d'art et d'histoire pour les uns et le berceau du savoir et de la culture.

[4] le produit , utilisé par les femmes arabes dont nos mères et grand – mères pour se faire belle.

-XVIII-

Bon parcours [5] et une heureuse vie
Est à te souhaiter par une amie,
Notre amie commune[6] , « la nourrie »[7],
Occupant une place , bien choisie[8],
Sous une « Sedda »[9] , imposante et fleurie[10].
Mon vœu est de te voir gaie , « sens obvie »[11].
Admirable, joyeuse sans aucune manie,
Ni complexe, rejeté par la philosophie
Et les sciences qui agrémentent notre vie.

---

[5] Dans le sens de ta biographie
[6] Fouzia
[7] Dans le sens d'une fille animée de qualité.
[8] D'un haut degré de relation humaine et d'amitié
[9] Dans le sens de « âarich » qui offre la qualité de son ombrage et la fraîcheur , reconnus par nos ancêtres de l'ancienne capitale du Maghreb central , cité princière.
[10] Dans le sens de nombreuses fleurs , signe d'amitié et de sincérité dans la relation humaine .
[11] Pour une simple rime.

-XIX-

A vous…..

A 2022, une bonne année

Maitrisable durant l'année

Inoubliable et belle année

Nantie et très bien scannée

A vous, simple enrubannée !

Mes meilleurs vœux

Le 30 décembre 2021

-XX-

A l'occasion du

Hommes ! Adresser vos meilleurs voeux
Une reconnaissance d'un être heureux
Intelligemment une fierté pour nos milieux
Tous conçus comme un don des sept cieux

Madame ! Mademoiselle, permettez- nous
A vous adresser nos sentiments, si doux
Récompensés et familiers et surtout pour vous
Sans pouvoir renoncer aux grands jaloux

-XXI-

ܥܐܕ ܡܝܠܕܐ ܒܣܝܡܐ

B on événement à pouvoir mettre en valeur
Et surtout pour un geste pour le bonheur,
L'amitié, l'amabilité, l'échange et l'honneur.

Evènement se répète avec joie de chaque année.
Toute personne bien considérée et enturbannée.
Bonheur et à la bonne heure de la journée,
On lui adresse les mots d'année en année,
Nantie et épanoui durant la belle journée.

A chaque fois une signification bien symbolique,
Nourrie par la fraîcheur et une odeur aromatique,
Ne recevant que les éloges, une œuvre allégorique.
Il est nécessaire de lui signifier un bon générique,
Valorisant ses qualités par ordre alphabétique,
Et surtout ses valeurs de confirmation angélique,
Récoltées dans une ambiance d'ordre anthologique ;
Sachant bien les porter sur un registre anthropologique
Afin de pouvoir lui rappeler les qualités de l'Antique,
Inoubliées pour une transmission par le sens d'atypique,
Revêtue de principes de fondement et d'applique,
En se disant Bonne fête avec un choix gastronomique

-XXII-

B el et bien, ce que nous appelons événement,
Organisé, avec beaucoup de soins, annuellement,
Non seulement pour le plus grand souhait,
Nanti d'un si cher vœu, sincère et parfait,
Et bien d'un sentiment et d'un important désir,

A faire, à une proche personne, un petit plaisir,
N'ayant pour but que de rappeler le souvenir,
N'attachant du prix qu'aux jours à venir
Et à des journées, qui sont passées, et à finir
Et surtout pour la joie et de la faire revenir.

-XXIII-

Joyeux anniversaire !

Mon petit bébé ! Mon grand ange,
Ordonné sans qu'il me dérange,
Honorant notre très petite famille
Admirant sa petitesse, si gentille.
Mon petit bébé! Mon grand trésor
Emerveillé pour son âge d'or
D'un souvenir pour son avenir.

A mon petit enfant ! Mon devenir
Y' a de la grande et la bonne chance
Ornée de tendresse et de bienséance,
Une qualité d'une mère si facile
Bonne au travail et au domicile.

Ta tendre mère, le 14 février 2018

-XXIV-

Sentimentale, gentille et mûre
Adorable, elle est aussi, pure
Les sentiments sont présents
Il faut penser aux absents
Mère de deux enfants
Admirés par les méchants

-XXV-

Belle, jolie, grande et bien séductrice
Ornée comme une chère puériculture
N'oubliant pas ce qui s'est fait au passé

Admirée et chérie pour ses qualités
Nantie et bien nantie d'une personnalité
Ne cachant point la vérité et la sincérité
Intelligente dans son discours, sa discussion
Verbale et non verale avec tant de passion
Elle aime l'attention d' écouter et d'entendre
Regarder l'esthétique tout ce qui est tendre
Servante de sa sincerité et de sa fidélité
Appréciée et chérie dans la conformité
Inoubliée pour ses gestes et pour son caractère
Rude, rigide mais il est très acceptable
Et pour nous tous , la vie c'est comme ça

-XXVI-

Sentiment du faire valoir la relation humaine,

Admirée pour évoquer la plus belle semaine,

Inoubliable pour bien fructifier tout domaine,

Nanti d'une très bonne intention surhumaine,

Traitée et assimilée surtout à sa cousine germaine.

Véritable sens du cher et du bon sentiment,

Apprécié, à la hauteur d'un grand bâtiment,

Le signe d'un bon cœur, d'un sincère compliment

Et de faire valoir l'esprit, et bien sûr fort gaîment

Non seulement au nombre d'éléments du régiment,

Tous heureux et soudés sans l'usage du ciment.

Il est important de dire les mots d'usage, joliment

N'ayant aucun arrière pensée ni de fait impoliment.

-XXVII-

A toi et à tes proches, prospérité, bonheur,
Santé et vœux pérennes du grand meilleur,
Sincère, qui s'annonce pour mettre en valeur
Et en avant tout ce qui est un bon porteur,
Gardé par l'Ange qui fait le simple admirateur,
Admirateur de celle qui présente un bon cœur,
Si profond dans la considération et de la valeur.

A toi et tes amies, le meilleur du grand souhait,
Message qui fait, de son mieux, le simple et le parfait
Emerveillé partout et surtout pour tout ce qu'il fait,
Grands et petits pour le faire en un seul grand trait,
Apprécié pour gagner le plus souvent l'attrait,
Ziada du grand festin d'Ennayer, du berbère qui le sait.

-XXVIII-

Je te souhaite un …………………..

Permets – moi de te souhaiter un bon
Rétablissement avec un si cher bonbon,
Orné d'un décor attractif du valorisé Japon.
Mes meilleurs et sincères vœux de santé,
Prospérité et un grand succès, bien chanté,
Très bien accepté en ce souvenir enchanté.

Réfléchi et bien accueilli par un principe enfanté,
Elevé au niveau d'un poème écrit et bien rechanté,
Tout en rappelant tous les vœux de bonne santé.
Ah ! Ton courage vient concurrencer ta volonté,
Bien exprimée en chance, en soutien et en bonté,
Légitimes pour en dorer les pratiques et les valeurs
Inséparables pour en faire des goûts et des couleurs,
Symbolisant les caractères, et surtout les meilleurs,
Sans pouvoir oublier les mots simples mais éducateurs,
Emancipateurs pour en faire de fervents admirateurs,
Mariant la création et l'innovation des sincères bienfaiteurs
Et des personnes qui cherchent de bons accompagnateurs,
Nantis de connaissances et de savoir des appréciateurs,
Tout en restant fidèles, dans ce monde de bons acteurs.

-XXIX-

ANIA.................

B el et bien, ce que nous appelons événement,
Organisé, avec beaucoup de soins, annuellement,
Non seulement pour le plus grand souhait,
Nanti d'un si cher vœu, sincère et parfait,
Et bien d'un sentiment et d'un important désir,

A faire, à une proche personne, un petit plaisir,
N'ayant pour but que de rappeler le souvenir,
N'attachant du prix qu'aux jours à venir
Et à des journées, qui sont passées, et à finir
Et surtout pour une joie et surtout à faire revenir .

Pour 2018

-XXX-

BONNE ANNEE 2018 à…………..

Admirablement

Nantie ,

Intellectuellement

Appréciée

-XXXI-

POUR ANIA, MES MEILLEURS VŒUX DU...

Mon souhait est ta proche soutenance,

Ordonnée sans aucune arrogance,

Une fois préparée sans complaisance.

Le plaisir est de voir cette ambiance,

Organisée dans une bonne performance,

Une situation d'une grande circonstance,

D édiée à la recherche et ... bonne chance!

-XXXII-

ANIA !

J'insiste beaucoup sur un grand fait
Apprécié pour être très bien satisfait,
Inoubliable geste que tu as bien fait.

Heureux de t'avoir chèrement connue
Avec ton amitié pour être reconnue
Transcrite pour être fortement connue
Et surtout pour ne pas être méconnue.

Depuis, je ne cesse que de te motiver
Et de chercher à te pousser à activer.

Toute ta force est dans tes énergies
Et surtout dans tes capacités élargies !

Retrouver ainsi tes chers parents
Et alors, ils sont très bien contents,
Voire dans leur geste des éloquents,
Ordonné pour tous les adhérents.
Ils veillaient sur les biens cohérents,
Redorant le blason des actes décents.

est l'expression que j'ai appréciée chez toi !

-XXXIII-

FELICITATIONS

Mes vœux et mes prières sont bien des valorisants,
Admirablement sont exaucés par le Tout Puissant.
Honneur pour ton père et la bravoure de ta chère mère,
Depuis les premières et très heureuses heures de la journée
Jusqu'à la fin du jour, voire les moments de la soirée
Où le repas est bien, culinairement, préparé par une mère ;
Une main experte qui cherche à gâter, avec plaisir, le père,
Bien matinal pour le rituel quotidien, avec une prière
Acquise pour un pilier qui est la mère, la cheville ouvrière.

-XXXIV-

Mon meilleur souhait, pour moi, valorise
Ton comportement, celui qui rivalise
Contre toute jalousie, en grande crise
A réfuter pour la cause qui te vise.

-XXXV-

Matinal, qu'il soit petit ou grand
Contre tous les mots du gourmand
A fait de Yarvah un titre d'Allemand

Annexes

Annexe n°01

Oran

Une première: un hommage aux femmes, rendu par les journalistes masculins[12]

Avec une initiative, venue par ailleurs, avait non seulement permis aux journalistes masculins à faire valoir l'intérêt accordé aux femmes mais plutôt de leur rendre un hommage : les biographies, les parcours, les portraits, l'histoire, la contribution journalistique, l'entretien accordé par une femme à un journaliste masculin, la poésie, etc.

Il s'agit d'un numéro spécial 8 mars qui regroupe une trentaine d'articles sur les femmes depuis Tlemcen jusqu'à Tizi Ouzou , voire l'Est du territoire national, en passant par Oran. Les contributions ont été d'une importance qui a encouragé l'homme à rendre un hommage aux femmes d'Algérie. La « Une » a été représentative : le symbole du 8 mars, le voile blanc, etc.

Dans le contenu, nous avons relevé l'édito de Jalil Mehnane(Oran) et des articles , signés Allal Bekkaï (Tlemcen), Redouane Boualia (Oran), Belmadani Hamza (Oran), Boualem Belhadri (Ain Témouchent), etc.

Après l'histoire du drapeau algérien dont la couture revient aux femmes, plusieurs thèmes ont été abordés tels que l'histoire et la mémoire de la célébration de la journée de la femme, l'histoire de kalentica, les femmes de Tizi Hibel (les cueilleuses d'olives), le haïk, qui a eu la chance d'avoir bénéficié de deux (02) articles dont le premier à Oran et l'autre à Tlemcen. Le haïk a été à l'honneur, bien qu'il soit le symbole de la femme et le signe de la féminité.

---

[12] Contribution parue le 8 mars 2018

Annexe n° 02

Pour les lectrices et lecteurs[13]

Pour tous les lecteurs du quotidien, paraissant à Oran, nous exprimons nos vives satisfactions de réussir à transmettre l'information, qu'elle soit de la culture, de l'histoire, de la société ou de la politique. A cet effet, nous présentons aux fidèles lectrices et lecteurs nos meilleurs vœux en leur disant :

B el et bien, ce que nous appelons événement,

Organisé, avec beaucoup de soins, annuellement,

Non seulement pour le plus grand souhait,

Nanti d'un si cher vœu, sincère et parfait,

Et bien d'un sentiment et d'un important désir,

A faire, à une proche personne, un petit plaisir,

N'ayant pour but que de rappeler le souvenir,

N'attachant du prix qu'aux jours à venir

Et à des journées, qui sont passées, et à finir

Et surtout pour la joie et de l'ambiance à faire revenir .

Pour 2018

[13] Contribution parue en décembre 2018

Annexe n° 03

La Saint Valentin, entrée dans la tradition des Algériennes et des Algériens[14]

Pour l'histoire et la mémoire de cet événement, appelé la Saint - Valentin, il est entré dans les mœurs des Algériens, les femmes comme les hommes, des jeunes et des moins jeunes. Pour retrouver l'origine de cette célébration annuelle qui coïncide avec la date du 14 février, nous avons effectué quelques recherches pour mettre en avant l'importance de la Saint -Valentin. Certains célèbrent leur nuit noces et d'autres leurs fiançailles. Le cas est illustré à Oran.

L'origine, qui serait plus mythique qu'historique, serait la célébration de la mort du Patron des Amoureux. Celui-ci serait décédé vers l'an 270 de l'ère chrétienne. Dans l'esprit d'honorer cette date, un jour d'anniversaire, des gens célèbrent cette journée ; mais d'autres lui attribuent le marqueur mémoriel, associé à une fête romaine.

Dans l'histoire et la mémoire des peuples anciens, en cette date, des hommes, par les us et coutumes, allaient vers une tradition ancestrale, appelé le « Jour du tirage au sort » : les hommes, à l'âge du mariage, avaient opté pour tirer au sort leurs femmes, leurs bien –aimées évidement.

Une autre origine vient se faire valoir dans le cadre de cette tradition, devenue populaire chez les « Amoureux ». En cette date, le 14 février de chaque année, le « jour béni », des oiseaux commencent à mettre en avant leurs intentions amoureuses : c'est le début de la recherche d'une partenaire, et surtout en cette saison des amours, comme aiment le dire et le répéter, les amoureux de notre temps.

[14] Contribution parue le 8 mars 2018

Dans ce cas, cette tradition amoureuse, est devenue une occasion pérenne pour les uns et une tradition perpétuelle pour les autres. Elle est fêtée le jour de Saint Valentin pour certains et la veille pour les autres. Bien qu'elles soient anonymes, des cartes prirent une grande place dans le quotidien des Algériens, comme les Européens et les Américains qui continuent à accorder une grande importance à cette tradition, qui nous arrivent d'ailleurs.

On croit à une autre tradition : dans certains pays ou certaines populations, les jeunes filles sortaient de chez elles pour aller épouser le premier homme célibataire, rencontré sur leur chemin, dans le sens de le croiser, en cette journée, bénie des amoureux, dite la Saint- Valentin. Elles évitaient de croiser des moches, des hommes laids et ceux qui sont déplaisants.

Devant cette importance socioculturelle et sa considération perpétuelle, d'autres eurent des idées ; ils avaient inventé les cartes de Saint Valentin, que les amoureux achetaient pour les offrir à leurs bien-aimées. Il ne faut pas oublier les femmes qui achetaient ces cartes pour leurs biens aimés.

A Oran , certains offrent , à l'occasion de la Saint - Valentin, du chocolat, des parfums ou des fleurs achetées chez les fleuristes du Point du Jour (près de la clinique de la Maternité) ou de la Place Hoche où la concurrence bat son plein. Il s'agit d'une habitude qui commence à se faire valoir, dans un langage des amoureux, qu'ils soient Tlemceniens ou Oranais, arabes ou Amazighs.

Considérée comme « la fête des amoureux », elle coïncide avec la date du 14 février de chaque année. Selon une enquête socio anthropologique que nous avions réalisée dans plusieurs villes en Algérie, les résultats nous ont conduits à mettre en relief quelques marqueurs d'ordre socio culturel :

- La rencontre des couples.
- L'usage de certains si simple mais de portée sentimentale.
- L'échange de mots et d'un vocabulaire, provenant du langage des amoureux.
- L'offre de cadeaux, des dons.
- La mise en avant d'une preuve d'amour.
- L'offre de belles roses.
- La pérennité d'une tradition qui n'a jamais été la notre.
- Le choix de la couleur rouge, signe et symbole de la passion.
- Etc.

Annexe n° 04

Le poème de la Saint - Valentin[15]

Les poètes écrivent quelques œuvres dont plusieurs poèmes sont attribués à la fête de la Saint-Valentin ou écrits pour la célébration de l'anniversaire de la mort de l'éponyme, que certains de nos Algériens lui accordent une importance d'ordre cérémoniel ou rituel dans de sens de rituel festif.

Si les fleuristes de la place Hoche à Oran excellent dans la confection des bouquets de fleurs, les poèmes, surtout les adolescents, qu'ils soient filles ou garçons, font leurs premières tentatives en composant un poème à offrir à des personnes, si proches amoureusement.

[15] Contribution parue le 8 mars 2018

Nous avons appris à Oran : les élèves offrent des fleurs, et plus particulièrement les roses rouges à leur maitresse respective, les poètes écrivent un petit poème pour faire valoir leur sentiment si cher à des personnes, si proches, à des amoureuses et des amoureux.

Pour nos amoureux, notre quotidien leur offre ce poème, si riche en signes, en symboles et en métaphores :

Sentiment du faire valoir la relation humaine,
Admirée pour évoquer la plus belle semaine,
Inoubliable pour bien fructifier tout domaine,
Nanti d'une très bonne intention surhumaine,
Traitée et assimilée surtout à sa cousine germaine.

Véritable sens du cher et du bon sentiment,
Apprécié, à la hauteur d'un grand bâtiment,
Le signe d'un bon cœur, d'un sincère compliment
Et de faire valoir l'esprit, et bien sûr fort gaîment
Non seulement au nombre d'éléments du régiment,
Tous heureux et soudés sans l'usage du ciment.
Il est important de dire les mots d'usage, joliment
N'ayant aucun arrière pensée ni de fait impoliment.

Table des matières

Printed by Books on Demand GmbH, Norderstedt / Germany